Andreas Müller

Le vide est forme
La forme est vide

Le Sutra du cœur du point de vue
de la non-dualité

Imprint

Bibliografische Information der Deutschen Nationalbibliothek: Die Deutsche Nationalbibliothek verzeichnet diese Publikation in der Deutschen Nationalbibliografie; detaillierte bibliografische Daten sind im Internet über www.dnb.de abrufbar.

Coverdesign: Vivien Thomas & Andreas Müller

Verlag: BoD · Books on Demand GmbH,
In de Tarpen 42, 22848 Norderstedt
Druck: Libri Plureos GmbH, Friedensallee 273,
22763 Hamburg
ISBN: 978-3-7693-2124-1

Contenu

Le Sutra du Cœur d'un point de vue non duel
ressemble à une comparaison apparente de deux
non-messages vides. Qui sait ce que cela signifiait à
l'époque.

Le Sutra du Cœur semble comprendre (au moins)
deux niveaux : un dans lequel les circonstances de
"l'enseignement" sont décrites - des personnes
assises ensemble et se parlent - et à un niveau où la
véritable « instruction » a lieu.

En raison de cette impression, seules certaines
parties sont commentées. Je me limite aux
instructions pures.

Ce qui est rapporté dans ce livre – et parfaitement
rapporté dans le Sutra du Cœur – est étonnamment
simple.

La soi-disante vie est étonnamment simple.
Ce qui semble se produire apparemment est en soi
même une danse aveugle, qui, bien que personne ne
la vit, est tout ce qui est.

« Il n'y a personne ici »

Il n'y a pas de soi.

Il n'y a aucune « chose », aucune entité située quelque part dans notre corps. Ni dans la région de notre cœur, ni dans notre cerveau, ni ailleurs dans notre corps, il n'y a pas de véritable centre. Le soi apparent se donne de nombreux noms :

Je, présence, conscience, esprit, individu, âme, soi, conscience de soi.

Tous ces mots semblent décrire une expérience à laquelle la plupart des gens s'identifient et autour de laquelle leur vie semble tourner.

"J'ai besoin de ceci et de cela."
"Si j'avais ceci et cela, je serais heureux."
"Si mon partenaire était tel ou tel."
"Si j'étais untel."
"Si j'étais illuminé."

C'est ainsi que vit ce soi apparent : à la recherche de quelque chose de plus élevé, de plus vrai, de plus accomplissant.

Pus de pouvoir, plus d'argent, plus de sexe, plus de
sagesse, plus de clarté, plus de liberté, plus
d'amour, à la recherche éventuellement d'un
véritable amour, la vraie liberté, le vrai
soulagement, la vraie richesse. Tout doit être vrai et
réel - et tout doit avant tout être « pour moi ». Cela
signifie : tout ce que je veux de plus, je dois pouvoir
l'expérimenter et le vivre consciemment.

Cependant ce moi, ce soi même, qui semble porter
son ombre dans nos corps, n'existe pas du tout. Cet
esprit, cette âme, cette conscience n'existe pas. Il
n'y a personne ici.

La libération est la fin naturelle de l'expérience de
vécu de ce moi. C'est la dissolution de cette entité
apparente avec le monde. Les deux – le soi et le
monde, le sujet et l'objet se fondent dans l'inconnu.
Ils se dissolvent dans le néant : dans le rien qui
reste et dans le rien qui est. Rien de nouveau n'en
ressort non plus. C'est sur ce point apparent
qu'intervient le Sutra du Cœur.

Le Sutra du cœur n'est pas un message personnel,

ni un enseignement, ni une sagesse apprise.

Dans la mesure où cela correspond à mon propre message, ce qui est dit dans le Sutra du Coeur provient directement de la disparition de l'énergie personnelle.
Ce message n'est pas du folklore. Il ne s'agit pas non plus d'une sagesse lointaine ou d'une vérité énigmatique à jamais inaccessible prononcée par des sages.

La réalité naturelle est directe et simple, ni proche ni lointaine : c'est exactement ce qui semble se produire. Ce qui semble se produire n'est ni mystérieux ni sage. Il n'est ni caché ni visible d'un point de vue de la séparation. Il n'est ni éclairé ni non éclairé. Ce n'est ni clair ni flou. Ce qui semble se produire est simplement lui-même.

Le Sutra du Cœur

La réalité naturelle

*« La forme est vide, le vide est forme. La forme n'est
rien d'autre que le vide. Le vide n'est rien d'autre
que la forme. »*

Le fait que vous lisiez ces lignes n'est pas une
expérience. Le fait que vous lisiez ces lignes est un
phénomène impersonnel qui n'arrive à personne.
La lecture de ces lignes est totale, complète,
inconnue et à la fois vide et dénuée de sens.

La lecture de ces lignes est la réalité intemporelle et
naturelle qui est simplement elle-même. La lecture
de ces lignes ne vous mènera nulle part puisque
c'est déjà tout. La lecture de ces lignes ne mène
nulle part ; elle ne veut rien communiquer, n'a
aucun sens et ne s'inscrit pas dans un cheminement
personnel. Il n'y a aucune connaissance là-dedans à
acquérir et aucun progrès non plus. En même
temps, il n'y a ni repos ni silence.
L'expérimentateur rêve. Personne n'est séparé de la
lecture, des pensées, des sentiments, de son propre
corps et de l'environnement. Tout est apparence
non séparée pour personne.

C'est ceci. Ceci est tout. C'est la réalité naturelle : ce qui semble se produire, ce qui est ici et en même temps qui n'est pas là. La lecture de ces lignes est la forme, qui n'a aucun contenu. La lecture de ces lignes est vide et pourtant reste la lecture de ces lignes.

Le soi apparent aimerait pouvoir voir le vide et la forme séparément, comme s'ils étaient deux aspects d'une seule et vraie réalité. Mais c'est impossible. Le vide et la forme ne font pas deux. Ils sont identiques et congruents. Ils sont à la fois totaux et pourtant s'annulent. Vus de cette façon, ils ne sont même pas une seule chose – ils n'en sont aucune.
Rien n'existe vraiment – vraiment rien du tout.

Conscience

« De la même manière, la sensation, la distinction,
les formations mentales et la conscience sont
également vides. »

Rien n'est réel. Rien n'est l'expérience d'une réelle conscience. C'est cette apparente conscience « Je suis » qui attache à toute chose le sentiment d'existence, le sentiment de contenu. D'après cette expérience personnelle, on a l'impression de vivre dans un « monde réel et substantiel ».

On a l'impression qu'on a réellement une substance et que ce dont on fait l'expérience est aussi consistant que soi-même.

C'est cette expérience qui est rêvée.

C'est cette expérience qui n'a pas de substance.

S'évanouit l'illusion de l'expérience, s'évanouit en même temps l'expérience de la réalité. Tout revient à ce qu'il a toujours été : un vide intemporel.

Mais, pendant que tout se dissout dans la vacuité - vide de réalité, vide de cause, vide d'essence, et vide de conscience- tout reste exactement ce qu'il est.

Les arbres sont les arbres, les pensées sont les

pensées, les sentiments des sentiments..et tout est vide.

La recherche désespérée de l'illusion du moi, d'un sens à la vie, au monde, d'une essence, ou « ce qu'est réellement la vie" est masquée par la simple invention de cette recherche. On suppose que la vie a un sens, que l'on "n'est pas dans ce monde sans raison", des valeurs et des objectifs sont inventés, une essence plus profonde soupçonnée ou simplement prier un dieu. Tout cela est fait juste pour donner de la valeur à sa propre existence. Tout cela se produit dans l'espoir inconscient de ne pas vivre dans une apparence vide et dénuée de sens.

Cela fait partie de l'apparente illusion de l'ego de se sentir séparé et en quelque sorte « de trop ». Alors que l'univers entier semble s'étendre dans une ignorance aveugle, le « je » se sent exclu comme s'il était en quelque sorte laissé en dehors de tout ceci et simplement toujours là.

C'est précisément de cette expérience que naît l'impression qu'il y en a (au moins) deux choses : un monde et moi. Comme cela semble insuffisant, l'espoir d'un contenu supposé caché surgit immédiatement.

Malheureusement, il n'y a pas de réponse à la question de savoir pourquoi cela semble inadéquat, incomplet, insuffisant, si ce n'est que c'est ce qui semble se produire. Ce qui semble se produire, c'est que le sentiment d'insatisfaction fait partie de l'expérience apparente du moi.

Bien que d'un point de vue personnel, cela se ressente comme s'il y avait un vrai problème, il ne s'agit pourtant que d'une impression, qui appartient à l'apparente expérience du moi.

Il n'y a aucun problème dans la vie.

Il n'y a personne ici que la vie doit combler et rendre heureux. La vie, l'expérience illusoire d'une vie concomitante de l'impression d'être insatisfaisante ne pourra jamais passer à un état d'accomplissement.

Être vivant est déjà une apparence sans contenu.

Cette apparence est vide de contenu, était vide de contenu et sera toujours vide de contenu. Ce vide est la réalité naturelle.

Cette apparence est vide de contenu, parce qu'elle est tout ce qu'il y a.

Chaque supposition d'un contenu et réciproquement d'une absence de contenu est rêvée.

Une apparence non séparée

*« Shariputra, c'est pourquoi de cette manière tous
les phénomènes sont vides :
Ils n'ont pas de caractéristiques essentielles, ils sont
sans naissance ni extinction. Ils ne sont ni souillés
ni pures, ni n'augmentent ni ne diminuent »*

Ce qui semble se produire est un phénomène apparent et indivisible. Rien de ce qui serait réellement connaissable ne peut en être extrait.

L'impression de vivre dans une réalité sujet-objet fragmentée fait partie de l'impression qu'il existe un minuscule éclat appelé « moi ». C'est ce premier éclat qui crée l'impression de fragmentation. Si j'existe, il y a tout à coup bien d'autres choses qui sont séparées de moi. Les choses semblent séparées parce que vous en prenez conscience : tout à coup il y a moi et une expérience de moi-même. Pure conscience, pour ainsi dire. Ou en d'autres termes : pur « je suis. »

Si cette conscience ose maintenant étendre ses antennes et détourner son attention d'elle-même, elle fait l'expérience d'un vaste espace autour d'elle. À ce moment, ce qui semblait être Un – la conscience qui s'expérimente elle-même (« ici et maintenant ») – est devenu deux. L'illusion d'une réalité sujet-objet est née.

Là il faut remarquer que l'expérience de soi-même est déjà une expérience sujet-objet. Curieusement, la conscience pure semble être à la fois le point de départ (sujet) et le point final (objet) de son expérience. Ainsi un devient deux.

Ces « deux » deviennent alors « plusieurs » : un monde qui a une conscience au centre de l'expérience, de sorte que tous les autres objets semblent orbiter en fonction de la manière dont on en prend conscience. Ensuite, il y a « moi et mes pensées », « moi et mes sentiments », « moi et les autres », « moi et la situation », « moi et tout le reste ».

Toutes les manières possibles de faire l'expérience de soi et du monde sont une variation de cette expérience, qu'il s'agisse d'une pure expérience de soi ou qu'elle semble être entièrement vécue comme une vie normale avec des pensées et des sentiments. Cela ne fait pas non plus de réelle différence que l'on éprouve de la joie ou de la douleur, de la tristesse ou de la colère. Du point de vue apparent de la première personne, elles semblent toutes être des expériences personnelles.

Ce qui semble se produire ne se produit ni « ici », ni « maintenant ». Cela n'arrive pas du tout dans le sens où ce serait un événement réel. L'expérience d'un événement réel fait partie de l'illusion de l'expérience de la première personne - d'un point de vue personnel, il semble que quelque chose de réel se passe « en ce moment » et « ici, à cet endroit ». Et tout comme l'ego se sent « né », il ressent également les choses comme « surgissantes ». C'est cette expérience qui donne l'impression que tout semble exister dans le temps et dans l'espace.
Avec le sentiment d'être, s'ensuit également le sentiment de devenir et de mourir, d'aller et de venir, appartenant donc à l'expérience du vécu de ce moi. D'une part, il y a une apparence d'être et de stabilité et d'autre part, une apparence de mouvement et de processus. C'est pourquoi ces deux aspects peuvent être retrouvés dans divers enseignements spirituels.

Il existe des traditions qui partent d'une vérité

statique, éternelle, une présence éternelle, une vérité immuable, Dieu ou l'Absolu. D'autres traditions, en revanche, maintiennent l'idée d'un changement permanent.

Il est intéressant de noter que les deux représentations contiennent le même élément : il y a l'apparition d'une présence éternelle dans le temps qui sera interprétée comme un continuum, alors que l'idée de changement permanent contient également l'immuable.

Dans l'expérience personnelle, cela se reflète comme suit : « Moi, le centre de la conscience, je suis le centre silencieux de l'expérience, tandis que tout ce qui apparaît dans mon champ de conscience va et vient. Il y a donc « moi, tandis que mes pensées vont et viennent ». ».

L'expérience personnelle inclut également l'expérience du bien et du mal, du « devrait être » et du « ne devrait pas être », du « m'apporte un épanouissement ou me prend de l'épanouissement ».
À cela est associé l'espoir que l'épanouissement puisse être augmenté ou diminué.

Si cette expérience s'avère inexistante, tous les aspects de cette expérience, y compris le sentiment d'insatisfaction et la recherche d'avoir plus, s'évaporent.

Ce qui reste, c'est ceci. Ce qui reste, c'est ce qui semble se produire. C'est inconnaissable car inexpérimenté. C'est intemporel, sans espace, indivisible, sans but et pur.

Rien n'est réel

« Shariputra, c'est pourquoi il n'y a dans le vide ni forme, ni sensation, ni distinction, ni conscience, ni œil, ni oreille, ni nez, ni langue, ni corps, ni esprit, ni forme, ni son, ni odeur. aucun goût, aucun objet tactile et aucun phénomène. »

Rien ne se passe vraiment. Il n'y a aucune expérience de la réalité. Rien qui observe, expérimente, comprend, sépare et classe. Il n'y a pas de moi. Le moi qui croit s'éprouver est une apparence.

Il n'a ni substance ni réalité et reste pourtant ce qu'il semble être : une apparente illusion.

Mais ce qui semble se produire n'est pas une illusion. C'est l'expérience d'un point de vue séparé qui est sans substance. Il n'y a pas de conscience parce qu'elle n'y a pas d'expérience de la conscience. De même, il n'y a pas de monde parce qu'il n'y a pas d'expérience du monde. Il n'y a personne parce qu'il n'y a personne ici. Sans raison. Tout ce qui semble se produire est entièrement spontané , incréé, et n'est jamais devenu quelque chose de réel.

Personne ne le sait, car il n'y a personne.

Il n'y a personne ici

« Il n'y a ni domaine de la vision, ni domaine mental, ni champ de conscience. Il n'y a ni ignorance ni cessation de l'ignorance, au point qu'il n'y a ni vieillesse, ni mort, ni cessation de la vieillesse et de la mort. »

Toute expérience consciente est rêvée. Il n'y a ni une véritable expérience de vision physique, de même qu'il n'y a pas de voyant derrière les yeux, ni de véritable penseur des pensées en nous. Il n'y a pas non plus d'entité subtile en nous.

L'impression d'être un moi insatisfait est un rêve. Il ne sera donc jamais possible de vivre la fin de cette impression.

Toute l'impression énergétique qu'il y a « quelque chose » est un rêve. Il n'y a ni une expérience réelle, ni un champ d'énergie, ni une conscience, ni une expérience de présence ou d'existence. Ils ne sont tout simplement pas là pour de vrai.

Tout le récit de la connaissance et de la non connaissance fait partie de ce rêve. "Il n'y a personne" signifie qu'il n'y a pas de réelle expérience et par conséquent pas de connaissance (ou de non connaissance) de cette expérience. Rien n'a commencé et rien ne finira.

Comme rien n'est né, il n'y a pas vraiment d'âge ni d'expérience de l'âge.

Que quelque chose se passe, qu'un réel événement survienne et se joue, tout cela fait partie du rêve.

Ce vécu, cette expérience fait partie de cette présence personnelle, qui se vit comme existante.

Il n'y a personne ici.

La souffrance est une illusion

"De même, il n'y a ni souffrance, ni origine, ni fin, ni chemin, ni sagesse originelle, ni réalisation ni non-réalisation."

C'est là que les choses deviennent passionnantes, parce que nous arrivons maintenant aux choses qui intéressent l'ego apparent – l'illusion du chercheur.

La personne ne se soucie pas vraiment de savoir si le monde est réel ou irréel, s'il y a des allées et venues ou non. Ce qu'elle recherche, c'est la fin de la souffrance - pour elle-même.

Elle aimerait échanger l'expérience souffrante d'être présente contre une expérience heureuse d'être présente.

C'est exactement ce qu'elle recherche : qu'est-ce que la souffrance ? D'où ça vient ? Comment puis-je y mettre fin ? Quelle est la vérité ?

Toutes ces questions proviennent et se rapportent à l'expérience d'être un moi séparé. Étonnamment, c'est l'expérience de la présence elle-même qui crée l'illusion de la souffrance – la douleur de la séparation. Ce n'est ni le travail insatisfaisant, ni le peu d'argent, ni les relations difficiles, ni les traumatismes de l'enfance qui ont provoqué ce désir de plénitude. C'est le sentiment de présence qui s'accompagne d'une douleur de séparation plus ou moins subtile. Toute cette recherche personnelle n'a qu'un seul but :

trouver une réponse à cette douleur de la séparation. Alors que le soi apparent essaie d'échapper à cette douleur (ou d'y trouver une réponse), il ne fait que confirmer cette douleur dans sa propre existence, tout en se confirmant lui-même de sa propre existence.

Heureusement, l'expérience à la première personne n'est pas réelle et cette douleur apparemment profonde de la séparation n'a aucune substance. C'est la douleur d'un fantôme.

J'appelle cela une douleur fantôme car bien que la douleur semble palpable, la cause de cette douleur n'existe pas. Et il en va de même pour les nombreuses pensées et sentiments, les actions et les non-actions, qui semblent survenir au moi apparent, sans réelle cause.

Parce que c'est la même chose ici : il n'y a personne. La douleur de la séparation, le désir de guérir cette douleur et la souffrance de ne pas pouvoir le faire ne sont pas réels dans le sens où ils ne sont vécus que dans l'illusion apparente.

Puisque cette souffrance est basée sur une illusion, elle n'aura pas de fin, du moins pas comme le suppose le soi apparent. L'ego suppose que la fin de la souffrance réside dans la recherche d'une réponse.

Cette réponse n'existe pas et n'existera jamais. La réponse à une douleur illusoire – la douleur d'une séparation apparente – ne peut jamais être trouvée. Par conséquent, toutes les guérisons ne sont rien d'autre que de petits pansements – un bon sentiment ici, une compréhension là et des expériences occasionnelles d'unité.

Il n'y aura pas de réponse et, en ce sens, pas de fin à la souffrance au sein de l'expérience de l'ego.

Réalisation

« Par conséquent, Shariputra, puisqu'il n'y a rien à atteindre pour les bodhisattvas, ils demeurent dans la perfection de la sagesse, et leur esprit est sans obstacle et donc sans peur. »

Toutes les idées qui partent de « c'est réellement comme ça », d'un grand Tout, d'une réalité englobante, s'évanouissent dans le néant. Ce qui reste, c'est comme pour un arbre : l'absence de concept.

Aussi, l'esprit de cet être est sans entraves et donc lui aussi sans peur. Il est juste lui-même sans avoir le moindre intérêt pour lui-même. En fait, il n'a aucun moi. Tout comme nous.

La prise de conscience dont il est question ici n'en est pas une du tout. Le fait que ce qui semble se produire, n'est ni réel ni irréel, ni parfait ni incomplet, libre du temps, de l'espace, de sens, de signification et d'intention, n'est réalisé par personne.

Il n'y a personne qui puisse ou qui devrait être conscient de cela. La «conscience totale de la vérité ultime» ou la « connaissance finale de ce qui se passe réellement » espérée par l'illusion de l'ego, n'existe pas.

Il n'existe pas quelqu'un qui le pourrait, il n'existe ni de « vérité ultime » ni « quelque chose qui se passe vraiment. »

Ce qui semble se produire ne peut pas et ne doit pas nécessairement être réalisé. Apparemment, la vie se vit toute seule – sans raison et pour personne. Ce qui se passe c'est la vie aveugle à elle-même – qui semble avancer sans que rien ne se passe jamais. Apparemment, c'est exactement ce qui semble se produire : qu'il s'agisse d'un sommeil profond, de la croissance des arbres ou de la réconciliation après la dernière dispute relationnelle. Tout est inintentionnellement et inconditionnellement un non quelque chose ; une apparence réelle et irréelle qui est juste elle-même, sans direction.

Dernier mot

Il n'y a aucun message. Il n'y a rien à gagner, rien à perdre. Il n'y a personne ici.

« Je » n'est pas réel - c'est une apparente apparence.

Personne ne fait quelque chose.
Personne n'est insatisfait. Personne ne souffre. Personne ne doit, ni n'aura besoin de connaître l'épanouissement personnel. Personne ne va, ni ne doit transcender ce monde et se retrouver dans des sphères supérieures.

Ce monde est l'enfer et ce monde est le paradis. Et pourtant, cela n'existe même pas.
Ce monde n'est pas tel qu'il semble être vécu : un monde réel et tangible pour quelqu'un. Y a-t-il un autre monde ? Bien sûr que non ! La réalité naturelle est « un monde non vécu par quelqu'un ».
Personne n'y vit. Personne n'en est séparé. Personne ne le regarde. Personne ne l'observe. Elle est ce qui semble se produire. La forme est vide, le vide est forme.

Source

Le Sutra du cœur est tiré de :

https://www.tibethaus.com/fileadmin/user_upload
/Das_Herz_Sutra.pdf

Traduction:

Yves Ledig

Remerciements

Yves Ledig

Vivien Thomas

Benoit Strauss

Johannes Kelbert

Tony & Claire Parsons

A propos de l'auteur

Andreas est né à Ludwigsburg en 1979. Après
quelques années de recherche spirituelle, il
rencontre Tony Parsons en 2009.
« Au début, j'ai été choqué. Même si je savais déjà
beaucoup de choses et que j'avais beaucoup vécu,
c'était quelque chose de nouveau et d'inattendu.
Soudain, sans raison, j'ai entendu ce que Tony
disait. Bientôt, c'était indéniable :
il n'y a personne. »

Andreas donne des conférences et des stages
intensifs partout dans le monde depuis 2011.

www.thetimelesswonder.com

www.ingramcontent.com/pod-product-compliance
Lightning Source LLC
LaVergne TN
LVHW021211200726
843509LV00010B/909